別冊／複合収入

4段階のステップアップで格差社会を生き抜く生涯プランニング

原 義雄
Hara Yoshio

ブックウェイ

日本の格差社会が取りざたされて、ずいぶん時間が経ちました。

そして、格差はますます広がろうとしています。

世界的に見ても、資本主義大国のアメリカも、共産主義国であった中国でさえも、富が一部の人たちに集中し、格差は歴然としてきました。

この世界のすう勢は、そう簡単に解決できるものではありません、むしろ、日本は世界的に見て「最も社会主義国的」と言えるかもしれません。

しかし、そんな日本でも、格差は広がりつつあります。

私は昨年、『複合収入でゆとりある暮らしを手に入れよう』という書籍を上梓しました。

この別冊では、本書をわかりやすく理解するために、複合収入を四段階に分けてみました。

そして、それらを組み合わせることで、年を経るにしたがってステップアップする、という「生涯プランニング」をモデル化してみました。

本書を読み解く副読本として、この別冊を読んでみてください。


また、なぜこのような格差が発生したのかを説明しておきます。

それにより、この格差が構造的なものであることを理解してください。

◆目次

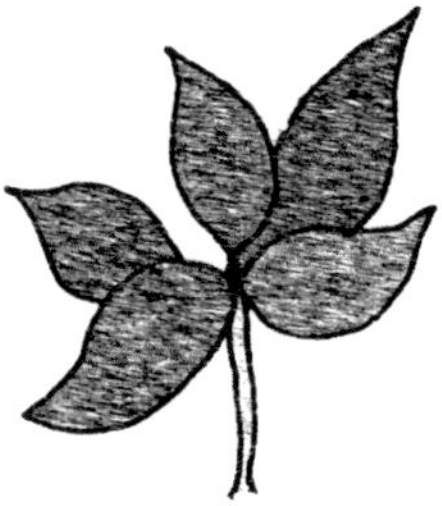

3　格差社会は世界的な社会構造 ……39

1

複合収入による生涯プランニング

人の生涯を考えるとき、次のような四段階のステップアップを、モデル化してイメージしてみました。それぞれのステップについて、簡単に解説をしておきます。

ステップ1　就職（二十～三十代）：「正社員」という「職業」を目指そう

「正社員」に就職すると、身分が安定するというほかに、オプションとリターンがつきます。

オプション：定年時、退職金が支払われます。
一つの企業に長く勤めれば勤めるだけ、支払額は増えていくのが退職金の特徴です。

リターン　：企業と折半で支払ってきた、厚生年金が支払われます。
定年退職し、体力も知力も徐々に衰える時期に一定の金額が支払われるのです。

定年退職後、厚生年金に匹敵する金額を稼ごうとしても、そんな仕事は滅多にありません。

ステップ2　資格取得（三十～四十代）：国家資格にチャレンジしよう

資格取得は、独立開業のためと思い込んでいる人がいますが、一概にそうとも言えません。

資格さえ取っておけば、様々な使い道があるのです。

（1）企業内で手当てをもらいながら、資格で得た知識を活用する方法もあるでしょう。
（2）視野が広がり、それによって社会の仕組みがぐんと理解できるようになるでしょう。例えて言えば、山の頂にのぼるようなものです。全く違った景色が眼下に広がることになるのです。
（3）異業種交流も始まり、人とのネットワークも広がります。
（4）そうなることで、次のステップへのドアを見つけやすくなる、という効果も期待できるのです。

ステップ3　副業（四十～五十代）：自分に適した副業を探そう

若いうちから、副業をして稼ごうなどと考える必要はありません。

むしろ四十代、五十代から始めたほうがうまくいくことだってあります。

時代は大きく変わっていきます。だからこそ、それなりの年代になってからゆっくりあたりを見回して、時代に合った副業、自分に合った副業を探したほうが効率もいいし、長く収入を得る可能性が大きいのです。

また、定年退職後の副収入という位置づけで考えたほうが、より効果があると言えます。

ステップ4　生涯就業（六十代～）：できるだけ長く収入を得る方法を模索しよう

退職金をもらい、厚生年金が支給されることは、大きなメリットです。

これだけのお金を、現職の時代に個人で貯金するというのは不可能に近いでしょう。

しかし、それでもそれだけで十分とは言い切れません。

大事なことは、少しでも長く働き、収入を得ることです。

どうしたら長く収入の道があるか、を最後に考えましょう。

考えるためには材料が必要です。今まで経験したこともないような仕事を想像するのは難しいものです。

手掛かりを探すため、これまでやってきたステップ1から3までの経験と知識が生きるのです。

「複合収入」では、住宅ローンについても解説しています。

老後破産、という活字がマスコミで使われ始めていますが、その原因の一つに、「住宅ローンの残債」が挙げられます。

住宅ローンは、約八十歳（最長三十五年）まで組むことができます。

そのため、定年を過ぎても、多額の残債が残ってしまうことがあるのです。

当然、厚生年金の大きな部分を、住宅ローンの支払いに充てることになり、場合によっては、支払い不能に陥ってしまい、自己破産の道を選ぶことになるのです。

しかし、住宅費は生涯つきまといます。ローンを組んで購入しても、賃貸にしても、生きている限りずっと、住宅費用は払い続けなければなりません。

では、老後破産を避けるためにはどうしたらいいのか、ということです。

一つは、ローンの組み方をしっかり考えて、「収入が減少するのに合わせて支払いが減額されるように」考えておくことです。

もう一つは、この章のテーマである、少しでも長く収入を得る方法を考えることです。

ちなみに私の場合、六十歳定年まで年商百五十億円程度の中小企業で過ごしました。

定年後、その十倍以上売り上げのある上場企業へ、「正社員」として採用されました。

これまで中小企業で専念してきた業務が、評価された結果でした。

そして、六十五歳を過ぎた今でも、「正社員」として十分な収入を得ています。

六十歳を過ぎて再就職するのに、ステップ2で取得した国家資格は、私の実力を証明するのに十分な役割を果たしています。

さらに、国家資格があれば、**今から独立開業だってできるのです。**

このように、年を経ても、国家資格は身を守る武器になるのです。

また、ステップ３の副業は、四十歳過ぎてから始めた不動産の大家業ですが、今でも続いています。

六十歳過ぎても続けられる副業を考えるなら、むしろ遅く始めるほうがいい場合もあるでしょう。

時代は変遷していきます。

特に、インターネットが世界中に張り巡らされた現在、その変化はもっと大きくなるでしょう。

そう考えると、あまり早くから副業を始めても、それが時代とともに廃れることは十分考えられます。

そうであれば、副業が必要になった時期まで待って始めたほうが長続きする、ということも考えられるのです。

このプラン（4段階によるステップアップ）を実行するにあたって、最も大事なことは、**急がない、慌てない、**ということです。

その時々に、それぞれのステップを着実にこなしていけばいいのです。

そして、時期が来たら、次のステップを考えればいいのです。

若いうちから、ステップ全体を考えて、あくせくする必要はない、ということをしっかり頭に入れておいてください。

その時が来たら考える、というアバウトな発想が大切です。

今は、全体の流れを、本書を通読することで、頭の中に残しておけば充分です。

ではこれから社会へ出ていくみなさんへ、（ステップ1）にあたる、企業選びのポイントを書いておきます。

参考にしてください。

2

企業選びのポイント

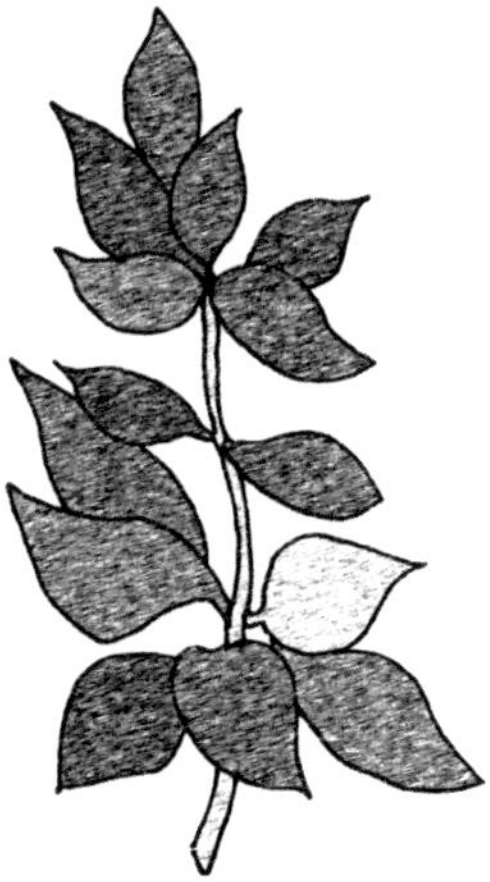

まず、社会に出るためには仕事に就くことになります。
我々一般人は、どういう企業に就職するかを考える必要があります。
その考え方を、私なりに順次説明していきます。

(1)「正社員」という「職業」

一昔前までは、就職＝正社員でした。
今は違います。
パート、アルバイト、派遣社員など非正規社員と呼ばれる雇用形態が増えてきました。
その結果、「正社員」は今では大変狭き門になりました。
「正社員」は、それだけに価値があります。

就職は、まず「正社員」を目指すべきでしょう。

正社員のメリット

正社員にはたくさんのメリットがあります。

①雇用の安定
②厚生年金、健康保険などが半額会社負担
③ボーナスが期待できる
④退職金制度により、長く勤めるだけメリットがある

(2) 企業規模と企業価値の関係

高校や大学を卒業し、就職活動を始める場合、大概の人は大企業を目指すでしょう。大企業が、「将来安定している」と考えるからです。

しかし、最近の大企業を見ていると、製造品目が大きく変わって、それに携わってきた人たちが、数百人、千人超の単位で、リストラされることがマスコミで報じられています。

大企業は、企業自体は安定していても、時代の流れで製造品目が変わり、それに伴って

雇用が不安定な面もあるのです。

だから企業規模が小さいからといって、大企業より不安定とも言えないのです。

大切なことは、まず「正社員」を目指すことです。

企業によっては、新卒を年間数人、場合によっては数年に一人しか採らないところもあるでしょう。

特に新卒にとっては、そんなさびしい入社式は願い下げ、と思うかもしれません。

生涯一度のセレモニーなんだから、大企業の華やかで盛大な入社式に参加してみたい、と思うのが心情でしょう。

しかし、そういう表面的な印象だけでは、実際の価値観は決まりません。

大事なことは、「正社員」になるということです。

企業規模を考えなければ、選択肢は大きく広がります。

また、正社員を雇ってくれる企業の経営者は、**社員を人材と考えているから、**とも言えます。


大企業と中小企業のメリット、デメリットを比較してみましょう。

大企業のメリット

①給料が高い
②厚生福利がしっかりしている
③世間体がいい
④経営が安定している

大企業のデメリット

①企業内競争が厳しい
同期との競争もあるし、前後の年代との競争も当然激しいでしょう。
②希望の仕事ができない
大企業は、組織が細分化されています。
どういう仕事に就かされるか、入社してみるまでは予測が難しいでしょう。
③事業規模は大きいが、狭い範囲の業務になることが多い
組織は細分化されているので、仕事は当然狭い範囲の業務に配属されることになります。

④様々な業務を転々とやらされることが多い
したがって、一つの業務を極めるということが難しい場合が多くなります。

中小企業のデメリット

①企業が安定しない
②様々な仕事を一人でこなすことになる（忙しい）
③客先が大企業のことが多く、顧客に左右されやすい
④当然給料は安い
⑤厚生福利が十分でない

中小企業のメリット

①入社しやすい
②社内競争が激しくない
③一つの業務を長く続けることができて、習熟度が上がる
④競争相手が少ない分、長く安定して働き続けることができる

⑤長年働くことで、退職金が多くもらえる
⑥一つの場所に長く住み続けることができる

大企業の場合、家を建てると転勤が多い、というジンクスがありますが、支店営業所が多い分、転勤も多くなるのは当たり前です。

(3)「業種」ではなく「職種」の選択

業種とは、自動車産業とか、ＩＴ企業とか、いわゆる従事している企業がどこに属するかということです。

一方、希望の「業種」に就職しても、希望の「職種」に配属されるとは限りません。せっかくクルマ造りに従事したいと思って自動車会社に入社しても、クルマ造りとは程遠い部署に配属されることはよくあることです。

それなら、いっそ初めから「職種」をはっきり希望して、就職活動をするほうがいいのではないかと思います。

(4) 日本企業の大半は、細分化され、専門的で、事業内容が理解不能

日本の企業の大半は、細分化しているので、事業内容がすぐには理解できない企業が多いのは事実です。

人口の多い大国で、しかも産業がこれだけ発展している国なのだから、分業が進んでいるのです。

だから、何をしている会社か分からなくても、マーケットに合わせた製品を売ったり作ったりしているのです。

学生の知識で考える業務内容と、実際入社して知るのとでは、大きな違いがあるはずです。

自分がその企業を知らないからといって、うさん臭いと疑う必要はありません。

知名度がなく、何をやっている会社かよく分からなくても、日本に存在する企業のほと

んどは、しっかりした企業です。

(5) 仕事に就くということは、それ自体が社会貢献

日本は一億三千万人の人口を擁する大国です。

これだけの人口を支えるためには、多くの働く人たちが必要です。

当然仕事は細分化します。

それを称して、自分が「組織の歯車」に過ぎないという人がいますが、それは間違いです。

社会の複雑な組織全体は、細分化された人たちが自分の持ち場をしっかり果たして働くからこそ成り立っているのです。

一握りのスーパースターになった人だけが偉くて、そうでない人たちは「社会の歯車」だと思うのは、見当違いな考えです。

職を得て仕事に就く、それこそが社会貢献だと考えるべきでしょう。

(6) 仕事の対価は社会貢献の証

日頃仕事をしていて、自分は社会に果たす役割が十分ではないと考えている人がいるかもしれません。

しかし、**仕事をして報酬を得る**ということは、**その仕事が社会に貢献している証**なのです。

自分の仕事が社会貢献しているからこそ、対価として報酬を得ることができるのです。

社会貢献というと、ボランティアが挙げられます。

ボランティアは社会貢献の立派な行為です。

余力のある人は当然やったほうがいいでしょう。

しかし、正業に就いて日頃働いているだけで、十分社会貢献をしているというのは紛れもない事実です。

日々まじめに働いている人たちは、それだけで十分社会貢献は果たしていると言えるでしょう。

だから、自分を追い込んでまで、ボランティアをしようとする必要はないと思います。

（7）自分の趣味、嗜好に合った職業選択

仕事を選ぶうえで、自分のやりたいことを選ぼうとするのは、人情でしょう。

しかし、現実は、趣味と実益を兼ねて仕事をしている人はほんの一握りでしょう。

もしかしたら、八割、九割の人が、自分の趣味嗜好と違った職業に就いていると言っても過言ではないかもしれません。

その人たちが、夢破れて今の職に就いている、と思うのであれば、日本人の大半が失望して生きていることになるでしょう。

それはかなり変な社会だと言えます。

いちいち夢に破れて、仕方なく現職に就くなどということは、あるはずがないのです。

仕事をして報酬を得る、その報酬の一部を使って好きなことを趣味として行う（夢を追う）、それでいいのではないかと思います。

もしその趣味が、将来お金につながれば副業になるでしょう。

しかし、お金にならなくても、それは自己実現の一つと考えれば、十分報われるのでは

ないでしょうか。

(8) 得意分野を選択するのも至難の業

自分の得意分野で勝負したい、これも誰もが思う心理でしょう。

しかし、得意分野には、更に自分より優秀な人たちがいっぱいいることが多いのです。

得意分野で誰かに負けたからといって、そのたびに挫折されたのでは、日本中に挫折者があふれることになるでしょう。

得意分野を仕事にする、これも仕事選びの選択肢の一つではあるでしょうが、必須条件ではないことを認識すべきでしょう。

(9) 小論文（短文）をマスターしよう

大学受験が選択式から記述式に代わると言われています。

就職試験でも、身上書を書く必要があります。

また、社会に出ても、ビジネス文書を書く機会はたくさんあります。

自分や自分の考えをいかに表現するか、これが小論文や論述試験、ビジネス文書で求められています。

英語もこれからの時代は大切になるでしょうが、それ以上に母国語で何かを表現することは、更に大切なのではないでしょうか。

英語で何かを表現するためには、母国語でまずしっかり考えをまとめる必要があることは、言うまでもありません。

次に、短文（８００～１０００字程度）の書き方のコツを、まとめておきます。

*魅力的な小論文（短文）の書き方

①「つかみ」から入る

通常の文章は、起承転結が大事と言われます。

しかし、短文ではそれにこだわる必要はありません。

まずは「つかみ」、すなわち読む側が興味を引かれる内容から書き始めましょう。

試験問題などは、採点者がたくさんの文章を読む必要があるので、最初から回りくどい表現だと最後まで読まず、さっと片付けられる可能性が高いからです。

ビジネス文書だと、読む人が他社の人で、必ずしも好意的に文章を受け取ってくれるとは限りません。

そういう人たちを相手にして文書を書くのですから、やはり相手が興味を引くように書くことが大切になってきます。

②「メインテーマ」を書く

「つかみ」とは、「メインテーマ」を書くということです。

試験問題だと、設問の文章を出されることが多いと思います。

その場合は、出された設問のメインテーマが何かを、まず書くということが大切です。

少し高度な問題になると、漠然と「何なにについて述べよ」というのもあるでしょう。

この場合も同様に、設問が何を答えさせようとしているかを、まず考えることです。

例えば、大学入試の問題であれば、高校の授業で習ってきたことの中に回答がある、と考えるべきです。

または、高校生が一般常識として知っておくべきことを質問されている、と考えましょう。

ビジネス文書であれば、相手の会社が何を求めているかを、きちんと理解していますよ、ということを示すことが大切です。

そうすると、読み手（採点者など）は、次に読み進もうかと思ってくれるはずです。

③平易な文章、普通使われている言葉を使うこと

自分の実力を示そうとするあまり、難解な文章や難しい言葉を使いがちです。勘違いしてはいけないのは、こういう短文では、相手（出題側）をいかに理解しているかが問われている、と考えるべきです。

試験問題だと、これまで学習してきたことを問われているのであって、特殊な考えや特別な知識を求められているのではないということです。

ビジネス文書も同様で、いかに自分が優れているかを示す必要はありません。むしろ、相手の立場に立って、問題をどう考えているかを示すことが大切ですから、当然相手が理解しやすい文章を心掛けるべきなのです。

④内容の「さわり」を入れよう

メインテーマが何かを示した後は、続いて内容の「さわり」を書きます。どういう内容が論じられているかを書くのですが、その際、テーマに自分が興味を抱い

ていることを示すことが大切です。

出題者は、回答者（受験者）に知っておいてもらいたいと思う内容を問題にしているのですから、それに答えねばなりません。

「さわり」と書いたのは、問題として出された文章の内容をトレースする、ということです。

自分が内容をどう理解しているかを示すこと、と言ってもいいでしょう。

ビジネス文書であれば、問題解決に前向きであることを示す、と言い換えてもいいでしょう。

⑤文章に「切り返し」をつけよう

短文を書く上で注意をすることは、接頭語や接尾語はできるだけ避ける、ということです。

「が」、「で」、「だが」などの接尾語、接頭語は、特に避けるべきでしょう。

しかし、文章を展開させるためには、「切り返し」が必要です。

そのためには、一度だけ接頭語を使うことも必要でしょう。

そして、この文章（切り返し）で、ちょっとだけ独自性を示すのです。

それが読み手へのアピールになるように工夫しましょう。

ビジネス文書であれば、問題を別の角度から見たらどうなるか、というようなことを書くことによって、問題解決の幅を広げることもできるでしょう。

⑥結論は常識的にまとめよう

最後に、結論は必ず書くようにしましょう。

結論のレベルがどうであれ、最後のまとめを書くことは必要です。

そして、結論は、あまり突飛な内容にする必要はありません。

むしろ、読む側が安心して読み終えることができるように、常識的な内容が望ましいでしょう。

ビジネス文書であれば、問題解決の提案ということになるでしょうか。

それも、読み手に同意を得られるような内容を用意したほうがいいでしょう。

⑦過去問は、必ずチェックしておこう

最後に、最も大切なことは、受験であれば、過去にどのような傾向の問題が出たかを、しっかり把握しておくことでしょう。

過去問の傾向を知らずに受験することは、できるだけ避けたいものです。

ビジネス文書だと、文書の内容について、相手の会社の関係者と事前打ち合わせをしておく、ということになるでしょうか。

（まとめ）

> まず「つかみ」で「メインテーマ」を書き、
> 次に、内容の「さわり」に触れ、
> そして「切り返し」を書いた後、
> 最後に、「結論」で結ぶ

小論文（短文）は、以上のような構成を念頭に入れて書けば、合格点の取れる解答になると思います。

せっかく書くのですから、小論文は読み手が心地よく読めるよう、できれば魅力的な文章を心掛けましょう。

⑽ 面接では、自分をさらけ出すことを心掛けよう

私はこれまで数百人の面接をして採用、不採用を決めてきました。

一度の面接で人を選ぶということは、なかなか難しいことです。

そういう採用試験ですが、こと面接に関しては一つ提案があります。

それは、**自分をさらけ出してはどうか**ということです。

もともと面接とは、面接者が当社に相応しいかどうかを決めるために行われるものです。

しかし、最近は学生側が事前に相当訓練されているので、マニュアル通りの返答をしがちです。

面接者「あなたがわが社を志望する動機はなんですか」

学生「御社のものづくりに惹かれました」

あるいは、「御社の業務が私の希望と合致するからです」

せっかく面接者側は、学生の真の姿を見たいと思っているのに、こう演技されたのでは、何のために面接しているか分からなくなります。

しかし、企業の採用試験の八割以上は筆記試験で決まります。

面接は、筆記試験がいくら良くても、組織で働く資質に欠けていないかを確認する作業と言えるでしょう。

したがって、面接ではあまり「決まり文句」を言わないで、自分の思っていることを率直に話すことが大切だと言えます。

そのほうがまだ、面接官にアピールできる可能性はあると言えます。

3

格差社会は世界的な社会構造

(1) 格差社会の始まり

富の格差は、日本では一九八九年の「ベルリンの壁の崩壊」から始まりました。

「ベルリンの壁」は、資本主義社会と共産主義社会を隔絶している象徴でした。

資本主義国には水（富）が満々とたたえられていましたが、共産主義国には不足していました。

それが、「壁」の崩壊で、水は高いところから低いところへ、なだれを打って流れ始めたのです。

(2) 東アジアで起こったこと

この数十年、東アジアでは、主に日本、韓国、台湾が自動車やＩＴ関連機器などをアメリカへ輸出することで、USD（アメリカドル）がふんだんに流れ込んで来ていました。

三国の人口
日本　一・二七億人
韓国　〇・五億人
台湾　〇・二三億人

三か国人口合計　約二億人

しかし、「壁」の崩壊で、USDは中国へも流れていくようになりました。
すなわち、日本、韓国、台湾で分け合っていた富を、中国沿岸部の三億人とシェアーすることになったのです。

三か国の人口　約二億人
中国沿岸部の人口　約三億人

四か国人口　　約五億人

三か国二億人でシェアーしていた、アメリカへの輸出で得ていたＵＳＤを、中国三億人とシェアーすることになったということです。

当然ながら、日本、韓国、台湾各国の企業は、競争激化したマーケットへ引き込まれる結果になりました。

(3) 日本企業の変貌

競争激化により、コストダウンを余儀なくされた日本企業は、次のような手を打つことになりました。

①安い労働力の導入

まず、日本国内に東アジアの安い労働力を大量に呼び込みました。

工事現場や地方の工場に、東アジアからの労働者が入ってきました。

都会では、飲食店の店員として働き始めたのは、ご承知の通りです。

②生産拠点の海外への移転

昨年、大連へ出かけましたが、**日本の有名な企業の大工場**がずらりと軒を連ねていました。

一説には、日本企業の工場で働く中国人は、中国全土で一千万人と言われています。

一言で言えば、それだけ、日本国内の労働者の雇用が減ったということです。

③正規雇用の減少

更に日本企業は、更なるコストダウンのために正社員枠を減らし、アルバイト、パート、派遣社員などいわゆる「非正規社員」へとシフトし始めたのです。

これにより、企業の正社員枠が減少したのは間違いありません。


国際競争力をつけるために、日本企業は以上のような防衛手段を講じたのです。

その結果、若い人たちの就業機会が制限されることになりました。

そして、非正規雇用が増えることで、総じて収入が減ることになり、格差社会が加速し始めたのです。

しかし、アメリカや中国のように、ほんの一握りの人たちが富を独占する構図とは違い、日本の格差は「中流階級の減少」という図式になったのです。


格差社会と呼ばれる現象は、世界的な現象であり、日本だけでそう簡単に解決できるというものではないように思います。

人生設計を考える上で、この事実から目をそらすことはできないでしょう。

この点に注目して、四段階のステップアップによる、「生涯プランニング」を提案してみました。

あとがき

繰り返しますが、未来をあまり悲観的に考える必要はないと思います。**未来とはいつの時代でも、予見することが難しいからです。**そしてあまり早くから、先の心配をしてあくせくするのも感心しません。

その時が来たら、慌てず、ゆとりを持って次のステップへと進むようにすれば、時代の流れに合ったやり方で、十分対応できるのです。

別冊「複合収入」

4段階のステップアップで格差社会を生き抜く生涯プランニング

2015年10月30日発行

著　者　原　義雄

制　作　風詠社

発行所　ブックウェイ

〒670-0933　姫路市平野町62

TEL.079(222)5372　FAX.079(223)3523

http://bookway.jp

印刷所　小野高速印刷株式会社

ISBN978-4-86584-079-7

乱丁本・落丁本は送料小社負担でお取り換えいたします。